KIM JONG-UN BIOGRAPHY

金正恩传记

世界名人简传

QING QING JIANG

江清清

PREFACE

Welcome to the Biography (the Most Influential Persons in the World History) series. In this series, we will discover the lives of the most famous world celebrities from different countries. These people, such as Nelson Mandela (曼德拉), Albert Einstein (爱因斯坦), Plato (柏拉图), etc. have deeply influenced human lives while leaving a unique impact on the masses. You may like or dislike them, however, they can't be simply ignored, partly because of the roles they played during their lives.

The biographies are written based on how these celebrities are viewed in China. I wouldn't be surprised if you don't agree with some of the opinions pointed in these books. However, keep in mind that this series is dedicated to help you learn Chinese, not to teach politics. Hence, it totally makes sense to understand the views prevailing in China. At the same time, it's totally fine to not agree with those views. :) Further, the whole series is dedicated to provide you important topics to improve Chinese reading skills. Imagine, one day you decide to read a Chinese newspaper. Do you think you can read them conveniently? Before you like or dislike the contents, you should be able to read and understand them. Hence, don't get too much caught up with facts and opinions presented in the books. Just take them as Mandarin Chinese lessons and focus on understanding the contents. Your Chinese will improve fast.

In each title of the series, we'll start with a brief introduction of the book in the preface (前言), a bit detailed introduction to the person in English, and continue to dig his life and relevant issues. Each book contains 6 to 10 chapters made of simple Chinese sentences. For the readers' convenience, a comprehensive vocabulary has been provided at the beginning of each chapter. The pinyin for the Chinese text is provided after the main text. Further, to enforce a deeper Chinese learning, the English interpretation of the Chinese text has been purposely excluded from the books. This would help the readers think deeply about the contents the way native Chinese do! In order to help the students of Mandarin Chinese remember important characters, words, long words, idioms, etc., these entities have been purposely repeated throughout the book, and across the books in the series. Taken together, the books in Biography series will tremendously help readers improve their Chinese reading skills.

If you have any questions, suggestions, and feedbacks, feel free to let me know in the review or comments.

You can find more resources about China and Chinese culture on my blog and homepage.

I blog at:

www.QuoraChinese.com

-Qing Qing

江清清

©2023 Qing Qing Jiang

All rights reserved.

MOST FAMOUS & TOP INFLUENTIAL PEOPLE IN THE WORLD

SELF-LEARN READING MANDARIN CHINESE, VOCABULARY, WORDS, IDIOMS, PHRASES, EASY SENTENCES, HSK ALL LEVELS

(PINYIN, SIMPLIFIED CHARACTERS)

ACKNOWLEDGMENTS

I am a blogger. It has been a long and interesting journey since I started blogging quite a few years ago.

The blogging passion enabled me to write useful contents. In particular, I have been writing about China, and its culture.

My passion in writing was supported by my friends, colleagues, and most importantly, the almighty.

I thank everyone for constantly inspiring me in my life endeavours.

CONTENTS

PREFACE 2
ACKNOWLEDGMENTS 5
CONTENTS 6
LIFE (人物生平) 8
EARLY LIFE (早期生活) 20
THE MYSTERY OF PARKER'S LIFE (帕克身世之谜) 27
RISE TO POWER (权力的崛起) 30
THE NORTH KOREAN LEADER (北朝鲜领导人) 36
SUFFERING (重重苦难) 40
POSITIONS (担任职务) 46
LEGACY (影响及贡献) 51

前言

　　金正恩，生于 1984 年 1 月 8 日（不确定）朝鲜出生，朝鲜政治官员，接替其父亲金正日成为朝鲜领导人（2011 年-至今）。他最伟大的成就是 2009 年，被列为最高人民会议的候选人，同年 4 月，他被任命为强大的国防委员会（NDC）成员；宪法规定，国防委员会主席是国家的最高职位，由金正日担任。

Jīnzhèng'ēn, shēng yú 1984 nián 1 yuè 8 rì (bù quèdìng) cháoxiǎn chūshēng, cháoxiǎn zhèngzhì guānyuán, jiētì qí fùqīn jīn zhèng rì chéngwéi cháoxiǎn lǐngdǎo rén (2011 nián-zhìjīn). Tā zuì wěidà de chéngjiù shì 2009 nián, bèi liè wèi zuìgāo rénmín huìyì de hòuxuǎn rén, tóngnián 4 yuè, tā bèi rènmìng wéi qiángdà de guófáng wěiyuánhuì (NDC) chéngyuán; xiànfǎ guīdìng, guófáng wěiyuánhuì zhǔxí shì guójiā de zuìgāo zhíwèi, yóu jīn zhèng rì dānrèn.

LIFE (人物生平)

Kim Jong-un (金正恩) is the Supreme Leader (最高领导人) of North Korea (朝鲜), a country formally known as the Democratic People's Republic of Korea (朝鲜民主主义人民共和国), or the DPRK.

He is currently (August 2022) holding several political and administrative positions of the DPRK, such as the Supreme Leader of the DPRK. He is also the Supreme Commander (元帅) of the DPRK, General Secretary (总书记) of the Workers' Party of Korea (朝鲜劳动党), Chairman (委员长) of the Central Military Commission (中央军事委员会) of the Workers' Party of Korea, and also the Chairman of the State Council (国务院, cabinet) of the DPRK. Further, he is also the Supreme Commander (最高司令官, commander-in-chief) of the Korean Armed Forces (武装力量).

After the Workers' Party of Korea Congress elected Kim Jong-un as its secretary (in early 2010s), Kim Jong-un, as a post-80s generation leader, attracted wide attention from the international community due to his mysterious life and special family background. From the moment of his public appearance to the smooth succession after Kim Jong-il's death, Kim Jong-un quickly became famous in the world.

Unfortunately, even after he had already spent over a decade in the public office, very little information is known about him. Even the intelligence agencies of South Korea and the United States have admitted that the information in their hands regarding Kim Jong-un has been "very limited."

Well, life of Kim Jong-un is a mystery. People can only analyze his life from North Korea's reports and the memories of some people who were close to him.

In this biography, let's go through some of the interesting and important facts about Kim Jong-un's life.

Kim Jong-un was born on January 8, 1984 (or 1983) in Pyongyang (平壤), the capital of North Korea. He is the second and youngest son of Kim Jong-il (金正日, 1942-2011, the second Supreme Leader of North Korea) and his wife Ko Young-hee (高英姬, 1952-2004). Also, Kim Jong-un is the grandson of Kim Il-Sung (金日成, 1912- 1994), the first Supreme Leader of North Korea. In fact, Kim Il-Sung was the founding leader of the Democratic People's Republic of Korea.

Kim Jong-il, the former supreme leader of North Korea, had four beautiful wives. Their names in order are Hong Yiqian (洪一茜/ 洪一天, born 1942), Sung Hye-rim (成蕙琳, 1935-2002), Ko Young-hee (高英姬, 1952-2004), and Kim Young-sook (金英淑, born 1964).

Kim Jong-un's mom was Ko Young-hee (Gao Yingji, 高英子/高容姬/高英姬/고영희). She was born in Osaka, Japan to Korean parents. Ko Young-hee was a dancer. She returned to North Korea with her parents in the 1960s. In 1961, she became a member of the Mansudae Art Troupe after entering North Korea. In the 1970s, Kim Jong-il met Ko Young-hee, about 11 years younger to him, at a party hosted by his father and fell in love with her. She became the third wife of Kim Jong-Il. She had one daughter, Kim Yo-jong (金与正, born 1988), and two sons, Kim Jong-chul (金正哲, born 1981) and Kim Jong-un (金正恩), the current Supreme Leader of North Korea. On May 24, 2004, she died at the age of 52 after returning home from breast cancer treatment in France. Later, because her son Kim Jong-un became the Supreme Leader of North Korea, the country officially gave her the status of "The Great Mother" (伟大的母亲). She is also known as Mother of Pyongyang (平壤母亲).

Kim Jong-un's step sister, Kim Xue-song (金雪松) is particularly well known in the DPRK. She often accompanied Kim Jong-Il on occasions of important state affairs. She has been courteous and never showed off in public. She always followed him from a distance. Many people felt that she was probably Kim Jong-Il's accompanying nurse or personal female bodyguard, but it was later confirmed that she was the daughter of the general secretary. According to some sources, Kim Jong-il once said, "I like my daughter very much. She has brains and abilities. She is like me in many ways." In addition, Kim Jong-il has two daughters, namely Kim Hye-kyung (金惠敬), who was born to Hong Yiqian (洪一茜), and Kim Young-soon (金英顺), who was born to his fourth wife Kim Young- sook.

Swiss Federal Police records (report) suggest that Kim Jong-un lived in Switzerland (瑞士) from late 1991 (when he was 7 years old) to early 2001. According to reports, the credentials submitted by a North Korean Foreign Ministry official called Nam Chol Park (朴南哲, Park Nam-chul) showed that Park Nam-chul arrived in Switzerland with his wife, two sons and a daughter on November 25, 1991. Park Nam-chul's two sons were actually the sons of Chairman Kim Jong-il, but they used the aliases "Park Chol" (朴哲) and "Park Hoon" (朴勋). Among them, "Park Hoon" was Kim Jong-un. The report pointed out that the "fake father" Park Nam-chul worked at the Permanent Mission of North

Korea to the United Nations in Geneva and was later transferred to the North Korean embassy in Muri, Switzerland.

Unfortunately, very little information is known about Kim Jong-un as a child. Swiss media reported that Kim attended an elementary school in Guemligen (格穆里根), a suburb of the Swiss capital Bern, before attending another public school in Liebefeld (立伯菲尔德), near Bern.

Well, from 1996 to 2001, Kim Jong-un and his younger sister Kim Yoo-jung (金与正) went to an international school in Bern, Switzerland. The school is known as the International School of Bern (伯尔尼国际学院) in Switzerland. There, he studied English, German and French. During his studies in Switzerland, Kim Jong-un rarely went out alone. Kim Jong-un's public activities were generally secretive and highly restricted. In general, he only commuted to and from home and school. Whenever he went out, Lee Soo-yong (李洙墉/리수용/Ri Soo-yong), the North Korean ambassador to Switzerland, would accompany him. It is said that this kind of restricted life created a strong sense of conservative ideas in him. Further, due to the strict management of Kim Jong-un's life and activities, Chairman Kim Jong-il specially stationed a small music group in his residence in Switzerland, creating a good atmosphere similar to that in Pyongyang.

It's worth noting that Lee Soo-yong was a close associate of former North Korean leader Kim Jong-il. In 1980, he went to Switzerland to serve as minister of the North Korean delegation in Geneva. He used the pseudonym Ri Chol (李哲, Li Zhe) since his appointment as North Korea's ambassador to Switzerland in 1988, and served as Kim Jong-un's guardian while he was studying in Switzerland. Lee Soo-yong returned to North Korea in 2010.

Kim Jong-un graduated from Kim Il-sung Military University (金日成军事综合大学, founded in 1948), a university for training senior generals of the Korean People's Army (朝鲜人民军). The university is located in Mangyongdae District, Pyongyang, North Korea. He studied at this university from 2002 to 2007. According to North Korean local media, when Kim Jong-un studied at the Kim Il-sung Military University, he showed "the aptitude of a famous general that even the military veterans lacked," and "he took the lead in commanding the launch of artificial satellites, nuclear tests and other operations to improve the country's power, so that the enemies would be frustrated". The media reports also pointed that "when Kim Jong-un inspected the tanks, he personally drove the tanks, showing the courage of leading North Korea to victory."

It is reported that while studying in Switzerland, Kim Jong-un lived in the North Korean embassy and was picked up by a driver to and from school. Therefore, friends thought that Kim Jong-un was either the son of a diplomat or a driver. Their speculation was further strengthened when some people saw Kim Jong-un and the North Korean ambassador to Switzerland having dinner together. The classmate of Kim Jong-un also revealed that there was a North Korean student named "Zheng Guang" (郑光) who was enrolled with Kim Jong-un. He was very skilled and was probably Kim Jong-un's bodyguard (保镖). Once Zheng Guang kicked a pencil out of a student's mouth in a very precise manner. The average person can't do this kind of professional action, meaning he must have received professional martial arts training. Because he was good at sports, he was actually more popular than Kim Jong-un.

Kim Jong-un's wife is Li Xuezhu (李雪主/李雪珠/李雪洙/리설주). She was born on September 28, 1985). She is a native of Chongjin City, North Hamgyong Province of North Korea. Her father is (was) a professor at the Chongjin City University (清津市大学). He her mother is (was) a chief physician of the Obstetrics and Gynecology Department of the First People's Hospital in Suinam District, Chongjin City (清津市). Li Xuezhu graduated from Jinxing No. 2 High School (金星第二高等中学) in Pyongyang City, and later went to China to study vocal music. In 2009, she married North Korean leader Kim Jong-un. At the time of marriage, she was a Ph.D. student at Kim Il-sung University (金日成综合大学). She often follows Kim Jong-un to attend various events and attracts the attention of people from all over the world. In 2010, Li Xuezhu gave birth to a daughter. Former American basketball star Dennis Rodman (丹尼斯·罗德曼), a friend of Kim Jong-un, revealed in an interview with a newspaper that North Korean leader Kim Jong-un has a daughter named Ju-ae (珠爱, Ju-ai).

Long before Kim Jong-un became the Supreme Leader, many scholars had predicted that Kim Jong-un was most likely going to inherit his father's office.

Well, when Kim Jong-un's mother, Ko Young-hee, died in 2004, North Korean media called her the "great mother" of North Korea. Looking back at history, long before Kim Jong-il took over, his long-dead mother, Kim Jong-suk (金正淑, 1917-1949), had received similar publicity. With this background, the focus of the outside world naturally fell on Ko Young-hee's two sons. According to Confucian tradition, Kim Jong-un should be ranked after his elder brothers Kim Jong-nam and Kim Jong-chol. However, due to historical and personal reasons, Kim Jong-nam was not favored by Kim Jong-il. Kim Jong-il's second son, Kim Jong Chol, lacked courage, was too cowardly, looked feminine, and was addicted to video games. In contrast, Kim Jong-un was a person who was soft from the outside and tough on the inside. He had a relatively strong personality. He was like a person who didn't admit defeat easily. This was a lot like his father Kim Jong-il. So Kim Jong-un becomes the best choice to inherit the office.

Also, as a teenager, Kim Jong-un had an extraordinary physical fitness. He often played basketball with his friends. He looked after the training of his teammates and carefully analyzed the strengths and weaknesses after each game. For example, at the end of a basketball game, Kim Jong-un's brother Kim Jong-nam would encourage all the players by saying something like, "You played well." On the other hand, Kim Jong-un would call a few players over and ask them why they played the way they did. He would pay great attention to details. He also actively participated in discussions on political issues, showing that he had better leadership qualities. These qualities were appreciated by Kim Jong-il.

Kim Jong-un also learned from the West. He was educated at the International School of Berne in Switzerland. He liked Western entertainment stars, and spoke fluent French and English. These qualities are very rare in closed North Korea, which became helpful for him to deal with foreign leaders and understand the West. Kim Jong-un's appearance has been similar to his father, especially his grandfather Kim Il-sung, which was bound to increase the goodwill and intimacy of the nostalgic North Korean people.

Eventually, Kim Jong-il decided to hand over power to Kim Jong-un, his third son.

Before we learn about Kim Jong-un's rise to power, let's understand his hobbies. Well, Kim Jong-un likes driving. He likes Chinese food and sushi (寿司), especially squid and tuna sushi. Kim Jong-un was a sports fan when he was studying abroad. He liked the NBA and admired Michael Jordan (乔丹), an American NBA basketball player. His own football skills were also good. According to German media interviews with his former classmates, Kim Jong-un is particularly good at mathematics, has a good sense of humor, is easy to get along with, and loves Japanese comics and cartoons. He likes movies starring Schwarzenegger and Jackie Chan.

Kim Jong-un's admiration of former American basketball star Dennis Rodman is well known. Rodman once went to Pyongyang, starting a five-day visit to North Korea, which was his second visit to North Korea. Rodman led a 13-member delegation of National Basketball Association coaches and players to North Korea, where they participated in basketball games and other activities. After returning from North Korea, Rodman talked about his trip to North Korea, "We drank wine and food together, and discussed holding a historic U.S.-DPRK basketball friendly game to help the North Korean basketball team develop and improve." Rodman, who chatted happily, said: "I held their baby Joo-ae and talked to his wife. He's a good father and has a wonderful family. Kim Jong-un told me "See you again." Rodman said that Kim Jong-un is very interested in building trust and understanding through sports and cultural exchanges. "The American people will definitely realize in the future that I am just trying to use basketball as a vehicle to communicate better with people. I have established a relationship with Kim Jong-un. Friendship, it shows that my approach works."

Now let's go through the rise of Kim Jong-un to power.

On March 8, 2009, Kim Jong-un became a candidate for the Supreme People's Assembly of North Korea. It was considered to be Kim's preparation for the transfer of political power in North Korea. Starting from May 6, 2009, several primary schools in Pyongyang had taught students the "Song of General Kim Jong-un" 《金正恩将军之歌》. The "Song of General Kim Jong-un" describes Kim Jong-un as "the eternal dignity of KPRK nation", "forever a beacon of progress", and "forever a great man". "Song of General Kim Jong-un" is a North Korean song written by Lee Jun-sik (李俊植), a pro-DPRK South Korean living in exile in Germany. Lee Jun-sik went to Germany from South Korea to study in the 1960s and has been campaigning against the South Korean government. Since then, the South Korean government has banned him from entering the country for a long time.

In September 2010, Kim Jong-il appointed six generals, with Kim Jong-un ranking second.

On September 27, 2010, Kim Jong-un was promoted to General of the Korean People's Army. On September 28, the Workers' Party of Korea held its third representative meeting, and Kim Jong-un was elected as the vice-chairman of the Central Military Commission of the Workers' Party of Korea. On 8th October, it was confirmed by the North Korean officials that Kim Jong-un will become the third-generation leader of North Korea, which was the first public confirmation of the news by North Korean officials.

On December 19, 2011, the news of the death of former North Korean leader Kim Jong-il came out. The Central Committee of the Workers' Party of Korea, the Central Military Commission of the Workers' Party of Korea, the National Defense Commission of DPRK, the Standing Committee of the Supreme People's Assembly, and the Cabinet issued a joint "letter to all Party members, people's officers and soldiers, and the people", requesting them to be "loyal to the leadership of the respected Comrade Kim Jong-un".

On the same day, North Korea's state news agency KCNA also called Kim Jong-un "the Great Heir" (伟大的继承人) for the first time. North Korean state media successively used expressions like "the Supreme Leader of the revolutionary armed forces of the DPRK" and "the Party Central Committee headed by Comrade Kim Jong-un" to emphasize Kim Jong-un's leadership.

On December 29, North Korea held a central memorial meeting for Kim Jong-il's death. Kim Jong-un, vice chairman of the Central Military Commission of the Workers' Party of Korea, was embraced as "the Supreme Leader of the North Korean party, state and the army."

On December 30, 2011, he was elected as the Supreme Commander of the Korean People's Army. Well, the Politburo meeting of the Central Committee of the Workers' Party of Korea was held in Pyongyang on December 30. The meeting announced that Kim Jong-un, vice-chairman of the Central Military Commission of the Workers' Party of Korea, was the new supreme commander of the Korean People's Army in accordance with the will of the late North Korean leader Kim Jong-il as declared earlier on October 8, 2011.

On January 1, 2012, three mainstream media in North Korea published a joint editorial emphasizing Kim Jong-un's leadership.

On February 27, the Time magazine published a portrait of Kim Jong-un on the cover. This was the first time Kim Jong-un had appeared on the cover of Time. The magazine also introduced Kim Jong-un's birth and growth history, as well as his student days in Switzerland in an article called "Meet Kim Jong-un".

On November 27, 2013, according to a report by the Korean Central News Agency on the 27th, Kim Jong-un inspected the Pyongyang University of Architecture (平壤建筑综合大学). During the visit, Kim Jong-un said that the students of Pyongyang University of Architecture should strengthen their sense of responsibility as "the future of a civilized country is drawn on their design table". He asked the students to study hard, and study every second. It is reported that the school was named by Kim Jong-un himself and said that he was willing to serve as the honorary principal of the school.

Kim Jong-un is friendly to China. On January 8, 2019, Kim Jong-un met Chinese President Xi Jinping. He has repeatedly emphasized his friendly attitude to China since he became the secretary of the Workers' Party of Korea. He was quoted saying that the DPRK will "unswervingly strengthen and develop the friendship between the DPRK and China" and "unswervingly strengthen and develop the DPRK-China traditional friendship forged and nurtured by leaders of the previous generations."

In April 2018, Kim Jong-un was selected into Time magazine's 2018 list of the world's most influential people.

On January 10, 2021, Kim Jong-un was elected general secretary of the Workers' Party of Korea.

EARLY LIFE (早期生活)

1	当局	Dāngjú	The authorities	
2	国营	Guóyíng	State-operated	State-run
3	金正恩	Jīnzhèng'ēn	Kim Jong-un	
4	出生日期	Chūshēng rìqí	Birthday	Date of birth
5	情报官员	Qíngbào guānyuán	Intelligence officer	
6	年份	Niánfèn	A particular year	
7	出于	Chū yú	Start from	Proceed from
8	象征性	Xiàngzhēng xìng	Token	Symbolic
9	祖父	Zǔfù	Grandfather	
10	金日成	Jīn rì chéng	Kim Il-sung	
11	出生	Chūshēng	Be born	Birth
12	部将	Bù jiāng	Military officers under one's command	
13	官方	Guānfāng	Authority	Of or by the government
14	日期	Rìqí	Date	
15	韩国	Hánguó	South Korea	
16	姨妈	Yímā	Aunt	Maternal aunt
17	姨夫	Yífū	The husband of one's maternal aunt	Uncle
18	说法	Shuōfǎ	Way of saying a thing	Wording
19	搬到	Bān dào	Move to	Moved
20	中央情报	Zhōngyāng	The Central	CIA

	局	qíngbào jú	Intelligence Agency	
21	审讯	Shěnxùn	Interrogate	Try
22	第二个	Dì èr gè	The second	2nd
23	出生于	Chūshēng yú	Hail from	
24	孙子	Sūnzi	Grandson	Sun zi, ancient Chinese military strategist
25	创始人	Chuàngshǐ rén	Founder	Originator
26	去世	Qùshì	Die	Pass away
27	第一位	Dì yī wèi	First place	
28	苏联	Sūlián	The Soviet Union	
29	殖民	Zhímín	Establish a colony	Colonize
30	据说	Jùshuō	It is said	They say
31	瑞士	Ruìshì	Switzerland	
32	日内瓦	Rìnèiwǎ	Geneva	
33	一段时间	Yīduàn shíjiān	A period of time	
34	帕克	Pàkè	Parker	Tony Parker
35	私立	Sīlì	Privately-run	Private
36	相处融洽	Xiāngchǔ róngqià	Get along with	Fit in
37	年长	Nián zhǎng	Older in age	
38	被认为	Bèi rènwéi	Pass for	Go for
39	保镖	Bǎobiāo	Bodyguard	
40	后来	Hòulái	Afterwards	Later
41	据报道	Jù bàodào	According to the report	
42	伯尔尼	Bó'ěrní	Bern	Berne

43	上学	Shàngxué	Go to school	Attend school
44	朝鲜	Cháoxiǎn	Korea	
45	大使馆	Dàshǐ guǎn	Embassy	
46	雇员	Gùyuán	Employee	
47	在此期间	Zài cǐ qíjiān	Ad interim	Ad int.
48	六年级	Liù niánjí	Sixth grade	
49	九年级	Jiǔ niánjí	Grade 9	9B
50	班级	Bānjí	Classes and grades in school	
51	秋季	Qiūjì	Autumn	Fall
52	突然离开	Túrán líkāi	Take a powder	Walk off
53	雄心勃勃	Xióngxīn bóbó	An overwhelming manly spirit -- aspiring	Be alive with ambition
54	打篮球	Dǎ lánqiú	Play basketball	Playing basketball
55	出勤率	Chūqín lǜ	(Rate of) attendance	
56	大使	Dàshǐ	Ambassador	
57	充当	Chōngdāng	Serve as	Act as
58	导师	Dǎoshī	Supervisor	Advisor
59	害羞	Hàixiū	Be bashful	Be shy
60	笨拙	Bènzhuō	Clumsy	Awkward
61	政治问题	Zhèngzhì wèntí	Political question	
62	漠不关心	Mòbù guānxīn	Be indifferent to	Apathetic
63	迈克尔	Màikè'ěr	Michael	
64	乔丹	Qiáodān	Jordon	
65	着迷	Zháomí	Be fascinated	Be captivated
66	声称	Shēngchēng	Profess	Claim

67	白云	Báiyún	White cloud	
68	科比	Kē bǐ	Kobe	Kobe Bryant
69	托尼	Tuōní	Tony	Luca Toni
70	曝光	Pùguāng	Exposure	

Chinese (中文)

朝鲜当局和国营媒体称金正恩的出生日期是 1982 年 1 月 8 日，但韩国情报官员认为实际日期要晚一年。人们认为，金正恩的官方出生年份被改变是出于象征性的原因；1982 年是他的祖父金日成出生 70 年后，也是他父亲金正日正式出生 40 年后。2018 年之前，美国财政部将金正恩的官方出生日期列为 1984 年 1 月 8 日。现在，出生日期被列为 1983 年 1 月 8 日，与韩国对金正恩的出生日期一致。他在 1984 年出生的说法与他的姨妈和姨夫给出的说法一致，他们在 1998 年搬到美国，并被中央情报局审讯。

金正恩是高永惠为金正日生的三个孩子中的第二个；他的哥哥金正哲出生于 1981 年，而他的妹妹金耀钟据信出生于 1987 年。他是金日成的孙子，金日成是朝鲜的创始人，从 1948 年朝鲜成立到 1994 年去世一直领导朝鲜。金正日是第一位出生在朝鲜的领导人，他的父亲出生在苏联，他的祖父在殖民时期出生在日本。

据说，金正日的所有子女都在瑞士生活过，两个最小的儿子的母亲也在日内瓦生活过一段时间。最初的报道说，金正恩在 1993 年至 1998 年以 "

帕克 的名字在瑞士古丽姆的私立伯尔尼国际学校上学。他被描述为害羞男孩，是一个与同学相处融洽的好学生，并且是一个篮球迷。他有一个年长的学生陪伴，被认为是他的保镖。然而，后来有消息称，在古丽姆学校的学生不是金正恩，而是他的哥哥金正哲。

后来，据报道，从 1998 年到 2000 年，金正恩以 恩帕克的名字在伯尔尼附近的里菲德国立学校上学，他是朝鲜驻伯尔尼大使馆一名雇员的儿子。当局证实，在此期间，一名来自朝鲜的学生在该校就读。恩帕克首先参加了一个为外语儿童开设的特殊班级，后来参加了六年级、七年级、八年级和最后九年级的部分正常班级，于 2000 年秋季突然离开学校。他被描述为一个融入社会、雄心勃勃的学生，喜欢打篮球。然而，据说他的成绩和出勤率都很差。朝鲜驻瑞士大使里酬与他关系密切，充当了导师。恩帕克的一个同学告诉记者，他曾告诉他，他是朝鲜领导人的儿子。根据一些报道，金正恩被同学们描述为一个害羞的孩子，对女孩很笨拙，对政治问题漠不关心，但他在体育方面表现突出，对美国国家篮球协会和迈克尔-乔丹很着迷。一位朋友声称，有人向他展示了白云与科比-布莱恩特和托尼-库科奇的照片。

2012 年 4 月，新的文件被曝光，表明金正恩自 1991 年或 1992 年以来一直住在瑞士，比以前认为的要早。

Pinyin (拼音)

Cháoxiǎn dāngjú hé guóyíng méitǐ chēng jīnzhèng'ēn de chūshēng rìqí shì 1982 nián 1 yuè 8 rì, dàn hánguó qíngbào guānyuán rènwéi shíjì rìqí yào wǎn yī nián. Rénmen rènwéi, jīnzhèng'ēn de guānfāng chūshēng niánfèn bèi gǎibiàn shì chū yú xiàngzhēng xìng de yuányīn;1982 nián shì tā de zǔfù jīn rì chéng chūshēng 70 nián hòu, yěshì tā fùqīn jīnzhèng rì zhèngshì chūshēng 40 nián hòu.2018 Nián zhīqián, měiguó cáizhèng bù jiāng jīnzhèng'ēn de guānfāng chūshēng rìqí liè wèi 1984 nián 1 yuè 8 rì. Xiànzài, chūshēng rìqí bèi liè wèi 1983 nián 1 yuè 8 rì, yǔ hánguó duì jīnzhèng'ēn de chūshēng rìqí yīzhì. Tā zài 1984 nián chūshēng de shuōfǎ yǔ tā de yímā hé yífū gěi chū de shuōfǎ yīzhì, tāmen zài 1998 nián bān dào měiguó, bìng bèi zhōngyāng qíngbào jú shěnxùn.

Jīnzhèng'ēn shì gāoyǒnghuì wèi jīn zhèng rìshēng de sān gè háizi zhōng de dì èr gè; tā dí gēgē jīn zhèngzhé chūshēng yú 1981 nián, ér tā de mèimei jīnyàozhōng jù xìn chūshēng yú 1987 nián. Tā shì jīn rì chéng de sūnzi, jīn rì chéng shì cháoxiǎn de chuàngshǐ rén, cóng 1948 nián cháoxiǎn chénglì dào 1994 nián qùshì yīzhí lǐngdǎo cháoxiǎn. Jīn zhèng rì shì dì yī wèi chūshēng zài cháoxiǎn de lǐngdǎo rén, tā de fùqīn chūshēng zài sūlián, tā de zǔfù zài zhímín shíqí chūshēng zài rìběn.

Jùshuō, jīn zhèng rì de suǒyǒu zǐnǚ dōu zài ruìshì shēnghuóguò, liǎng gè zuìxiǎo de érzi de mǔqīn yě zài rìnèiwǎ shēnghuóguò yīduàn shíjiān. Zuìchū de bàodào shuō, jīnzhèng'ēn zài 1993 nián zhì 1998 nián yǐ"

pàkè de míngzì zài ruìshì gǔ lì mǔ de sīlì bó'ěrní guójì xuéxiào shàngxué. Tā bèi miáoshù wéi hàixiū nánhái, shì yīgè yǔ tóngxué xiāngchǔ róngqià de hào xuéshēng, bìngqiě shì yīgè lánqiú mí. Tā yǒu yīgè nián zhǎng de xuéshēng péibàn, bèi rènwéi shì tā de bǎobiāo. Rán'ér, hòulái yǒu xiāoxī chēng, zài gǔ lì mǔ xuéxiào de xuéshēng bùshì jīnzhèng'ēn, ér shì tā dí gēgē jīn zhèngzhé.

Hòulái, jù bàodào, cóng 1998 nián dào 2000 nián, jīnzhèng'ēn yǐ ēn pàkè de míngzì zài bó'ěrní fùjìn de lǐ fēi dé guólì xuéxiào shàngxué, tā shì cháoxiǎn zhù bó'ěrní dàshǐ guǎn yī míng gùyuán de érzi. Dāngjú zhèngshí, zài cǐ qíjiān, yī míng láizì cháoxiǎn de xuéshēng zài gāi xiào jiùdú. Ēn pàkè shǒuxiān cānjiāle yīgè wèi wàiyǔ értóng kāishè de tèshū bānjí, hòulái cānjiāle liù niánjí, qī niánjí, bā niánjí hé zuìhòu jiǔ niánjí de bùfèn zhèngcháng bānjí, yú 2000 nián qiūjì túrán líkāi xuéxiào. Tā bèi miáoshù wéi yīgè róngrù shèhuì, xióngxīn bóbó de xuéshēng, xǐhuān dǎ lánqiú. Rán'ér, jùshuō tā de chéngjī hé chūqín lǜ dōu hěn chà. Cháoxiǎn zhù ruìshì dàshǐ lǐ chóu yǔ tā guānxì mìqiè, chōngdāngle dǎoshī. Ēn pàkè de yīgè tóngxué gàosù jìzhě, tā céng gàosù tā, tā shì cháoxiǎn lǐngdǎo rén de érzi. Gēnjù yīxiē bàodào, jīnzhèng'ēn bèi tóngxuémen miáoshù wéi yīgè hàixiū de háizi, duì nǚhái hěn bènzhuō, duì zhèngzhì wèntí mòbùguānxīn, dàn tā zài tǐyù fāngmiàn biǎoxiàn túchū, duì měiguó guójiā lánqiú xiéhuì hé màikè'ěr-qiáodān hěn zháomí. Yī wèi péngyǒu shēngchēng, yǒurén xiàng tā zhǎnshìle báiyún yǔ kēbǐ-bù lái'ēn tè hé tuōní-kù kē qí de zhàopiàn.

2012 Nián 4 yuè, xīn de wénjiàn bèi pùguāng, biǎomíng jīnzhèng'ēn zì 1991 nián huò 1992 nián yǐlái yīzhí zhù zài ruìshì, bǐ yǐqián rènwéi de yāo zǎo.

THE MYSTERY OF PARKER'S LIFE (帕克身世之谜)

1	里昂	Lǐ'áng	Lyons	Leon
2	解剖	Jiěpōu	Dissect	Anatomy
3	人类学	Rénlèi xué	Anthropology	
4	拍摄	Pāishè	Take	Shoot
5	照片	Zhàopiàn	Photograph	Photoprint
6	金正恩	Jīnzhèng'ēn	Kim Jong-un	
7	显示出	Xiǎnshì chū	Reveal, show, display	
8	一致性	Yīzhì xìng	Uniformity	Consistence
9	有可能	Yǒu kěnéng	Be on the cards	
10	一个人	Yīgè rén	One	
11	芝加哥公牛队	Zhījiāgē gōngniú duì	Chicago bulls	
12	超级明星	Chāojí míngxīng	Superspy	
13	迈克尔	Màikè'ěr	Michael	
14	乔丹	Qiáodān	Jordon	
15	铅笔画	Qiānbǐhuà	Pencil drawing	
16	电脑游戏	Diànnǎo yóuxì	PC game	Computer game
17	成龙	Chénglóng	Jackie Chan	Jacky Chan
18	动作片	Dòngzuò piàn	Action movie	Action film
19	分析家	Fēnxī jiā	Analyst	
20	金日成	Jīn rì chéng	Kim Il-sung	
21	平壤	Píngrǎng	Pyongyang (in North Korea)	
22	军官	Jūnguān	Officer	
23	培训学校	Péixùn xuéxiào	Training	Training school

24	学位	Xuéwèi	Academic degree	Degree
25	物理学	Wùlǐ xué	Physics	
26	另一个	Lìng yīgè	Another	
27	陆军军官	Lùjūn jūnguān	Army officer	

Chinese (中文)

法国里昂大学解剖人类学实验室将 1999 年在利伯菲尔德-施泰因霍尔兹利学校拍摄的恩帕克的照片与 2012 年金正恩的照片进行了比较，得出的结论是，这两张脸显示出 95%的一致性，表明他们最有可能是同一个人。

《华盛顿邮报》在 2009 年报道，金正恩的学校朋友回忆说，他 "花了几个小时做芝加哥公牛队超级明星迈克尔-乔丹的细致铅笔画"。他痴迷于篮球和电脑游戏，并且是成龙动作片的粉丝。

大多数分析家认为，金正恩在 2002 年至 2007 年期间就读于金日成大学，这是一所位于平壤的主要军官培训学校。金正恩获得了两个学位，一个是金日成大学的物理学学位，另一个是金日成军事大学的陆军军官资格。

Pinyin (拼音)

Fàguó lǐ'áng dàxué jiěpōu rénlèi xué shíyàn shì jiāng 1999 nián zài lì bó fēi'ěrdé-shī tài yīn huò ěr zī lì xuéxiào pāishè de ēn pàkè de zhàopiàn yǔ 2012 nián jīnzhèng'ēn de zhàopiàn jìnxíngle bǐjiào, dé chū de jiélùn shì, zhè liǎng zhāng liǎn xiǎnshì chū 95%de yīzhì xìng, biǎomíng tāmen zuì yǒu kěnéng shì tóngyīgèrén.

"Huáshèngdùn yóu bào" zài 2009 nián bàodào, jīnzhèng'ēn de xuéxiào péngyǒu huíyì shuō, tā"huāle jǐ gè xiǎoshí zuò zhījiāgē gōngniú duì chāojí míngxīng màikè'ěr-qiáodān de xìzhì qiānbǐhuà". Tā chīmí yú lánqiú hé diànnǎo yóuxì, bìngqiě shì chénglóng dòngzuò piàn de fěnsī.

Dà duōshù fēnxī jiā rènwéi, jīnzhèng'ēn zài 2002 nián zhì 2007 nián qíjiān jiùdú yú jīn rì chéng dàxué, zhè shì yī suǒ wèiyú píngrǎng de zhǔyào jūnguān péixùn xuéxiào. Jīnzhèng'ēn huòdéle liǎng gè xuéwèi, yīgè shì jīn rì chéng dàxué de wùlǐ xué xuéwèi, lìng yī gè shì jīn rì chéng jūnshì dàxué de lùjūn jūnguān zīgé.

RISE TO POWER (权力的崛起)

1	金正恩	Jīnzhèng'ēn	Kim Jong-un	Kim Jong Eun
2	一生中	Yīshēng zhōng	In life	In one's life
3	视野	Shìyě	Visual field	Field
4	之外	Zhī wài	Besides	Except
5	据报道	Jù bàodào	According to the report	
6	瑞士	Ruìshì	Switzerland	
7	接受教育	Jiēshòu jiàoyù	Receive education	
8	陪同	Péitóng	Accompany	Be in the company of
9	视察	Shìchá	Inspect	Visitation
10	要么	Yàome	Or	Either … or
11	朝鲜	Cháoxiǎn	Korea	
12	劳动	Láodòng	Work	Labor
13	执政党	Zhízhèng dǎng	The party in power	The ruling party
14	政治局	Zhèngzhì jú	The Political Bureau	
15	政府官员	Zhèngfǔ guānyuán	Government official	Commissary
16	监视	Jiānshì	Keep watch on	Keep a lookout over
17	年初	Niánchū	The beginning of the year	
18	传言	Chuányán	Hearsay	Rumor
19	继承人	Jìchéngrén	Heir	Successor
20	宪法规定	Xiànfǎ guīdìng	Constitutional prescription	
21	年年	Nián nián	Every year	Year after year

22	在国内	Zài guónèi	At home	Domestic
23	被称为	Bèi chēng wèi	Known as	Be known as
24	国家安全部	Guójiā ānquán bù	Ministry of State Security	
25	反情报	Fǎn qíngbào	Counterintelligence	
26	政府机构	Zhèngfǔ jīgòu	Governmental instrumentality	Government apparatus
27	被授予	Bèi shòuyǔ	Be honored with	Be honored with
28	军衔	Jūnxián	Military rank	
29	不知道	Bù zhīdào	A stranger to	Have no idea
30	被认为	Bèi rènwéi	Pass for	Go for
31	第一次	Dì yī cì	First	For the first time
32	前不久	Qián bùjiǔ	Lately	
33	他自己	Tā zìjǐ	Himself	
34	继承人的地位	Jìchéngrén dì dìwèi	Heirdom	
35	去世	Qùshì	Die	Pass away
36	非正式	Fēi zhèngshì	Unofficial	Informal
37	头衔	Tóuxián	Rank	Title
38	首脑	Shǒunǎo	Head	
39	革命党	Gémìng dǎng	Revolutionary political party	
40	书记	Shūjì	Secretary	Clerk
41	中央军事委员会	Zhōngyāng jūnshì wěiyuánhuì	Central military commission	
42	官僚机构	Guānliáo jīgòu	Bureaucratic	

			apparatus	
43	平行	Píngxíng	Of equal rank	On an equal footing
44	国家经济	Guójiā jīngjì	State economy	
45	党中央委员会	Dǎng zhōngyāng wěiyuánhuì	Party branch secretary	
46	会议代表	Huìyì dàibiǎo	Conference delegates	
47	修订	Xiūdìng	Revise	Reformulate
48	宪法	Xiànfǎ	Constitution	Charter
49	巩固	Gǒnggù	Consolidate	Strengthen
50	国家事务	Guójiā shìwù	State affairs	
51	委员会	Wěiyuánhuì	Committee	Commission
52	担任	Dānrèn	Assume the office of	Hold the post of
53	主任	Zhǔrèn	Director	Head
54	取代	Qǔdài	Displace	Replace
55	成为	Chéngwéi	Become	Turn into
56	强大	Qiángdà	Big and powerful	Powerful
57	管理机构	Guǎnlǐ jīgòu	Administrative organization	Government

Chinese (中文)

金正恩是金正日三个儿子中最小的一个，他一生中大部分时间都生活在公众视野之外，人们对他知之甚少。据报道，他在瑞士居里根的伯尔尼国际学校接受教育，2002 年至 2007 年在平阳的金日成国家战争学院学习。在年轻的时候，金正恩开始陪同父亲进行军事视察。人们认为他要么为朝鲜劳动党（KWP，国家的执政党）工作，要么在军队的总政治局工作；这两个组织都参与了对政府官员的监视。

2009 年初开始有传言说他被培养为他父亲的最终继承人。2009 年，他被列为最高人民会议的候选人，同年 4 月，他被任命为强大的国防委员会（NDC）成员；宪法规定，国防委员会主席是国家的最高职位，由金正日担任。到 2009 年年中，金正恩在国内被称为 "杰出的同志"，6 月，据报道，他被任命为国家安全部部长，这是负责政治控制和反情报的政府机构。2010 年 9 月，金正恩被授予四星上将的高级军衔，尽管人们不知道他以前有任何军事经验。他被任命的时间被认为很重要，因为这是自 1980 年他的父亲被任命为金日恩的继任者的会议以来，KWP 的第一次大会召开前不久。在接下来的一年里，他自己作为继承人的地位变得更加明确。

2011 年 12 月他的父亲去世后，金正恩被宣布为国家的最高领导人，这个非正式的头衔表明他是政府和朝鲜军队的首脑。2012 年 4 月，他的地位通过获得几个正式头衔而得到确认：朝鲜人民革命党第一书记、中央军事委员会主席和国家发展委员会主席，该委员会是当时朝鲜的最高官僚机构。金正恩的国家战略 "平行发展"，强调在发展国家经济的同时发展其国防能力，在 2013 年的朝鲜人民党中央委员会会议上正式通过。2016 年 6 月，最高人民会议代表大会修订了宪法，以扩大和巩固金正恩的地位。修订后成立了一个新的组织———国家事务委员会，由金正恩担任主任。这个新委员会取代了国家发展委员会，成为朝鲜最强大的管理机构。

Pinyin (拼音)

Jīnzhèng'ēn shì jīn zhèng rì sān gè er zi zhōng zuìxiǎo de yīgè, tā yīshēng zhōng dà bùfèn shíjiān dōu shēnghuó zài gōngzhòng shìyě zhī wài, rénmen duì tā zhīzhī shèn shǎo. Jù bàodào, tā zài ruìshì jū lǐgēn de bó'ěrní guójì xuéxiào jiēshòu jiàoyù,2002 nián zhì 2007 nián zài píngyáng de jīn rì chéng guójiā zhànzhēng xuéyuàn xuéxí. Zài niánqīng de shíhòu, jīnzhèng'ēn kāishǐ péitóng fùqīn jìnxíng jūnshì shìchá. Rénmen rènwéi tā yàome wèi cháoxiān láodòng dǎng (KWP, guójiā de zhízhèng dǎng) gōngzuò, yàome zài jūnduì de zǒng zhèngzhì jú gōngzuò; zhè liǎng gè zǔzhī dōu cānyùle duì zhèngfǔ guānyuán de jiānshì.

2009 Niánchū kāishǐ yǒu chuányán shuō tā bèi péiyǎng wèi tā fùqīn de zuìzhōng jìchéngrén.2009 Nián, tā bèi liè wèi zuìgāo rénmín huìyì de hòuxuǎn rén, tóngnián 4 yuè, tā bèi rènmìng wéi qiángdà de guófáng wěiyuánhuì (NDC) chéngyuán; xiànfǎ guīdìng, guófáng wěiyuánhuì zhǔxí shì guójiā de zuìgāo zhíwèi, yóu jīn zhèng rì dānrèn. Dào 2009 nián nián zhōng, jīnzhèng'ēn zài guónèi bèi chēng wèi"jiéchū de tóngzhì",6 yuè, jù bàodào, tā bèi rènmìng wèi guójiā ānquán bù bùzhǎng, zhè shì fùzé zhèngzhì kòngzhì hé fǎn qíngbào de zhèngfǔ jīgòu.2010 Nián 9 yuè, jīnzhèng'ēn bèi shòuyǔ sì xīng shàng jiàng de gāojí jūnxián, jǐnguǎn rénmen bù zhīdào tā yǐqián yǒu rènhé jūnshì jīngyàn. Tā bèi rènmìng de shíjiān bèi rènwéi hěn zhòngyào, yīnwèi zhè shì zì 1980 nián tā de fùqīn bèi rènmìng wèi jīn rì ēn de jìrèn zhě de huìyì yǐlái,KWP de dì yī cì dàhuì zhàokāi qián bùjiǔ. Zài jiē xiàlái de yī nián lǐ, tā zìjǐ zuòwéi jìchéngrén dì dìwèi biàn dé gèngjiā míngquè.

2011 Nián 12 yuè tā de fùqīn qùshì hòu, jīnzhèng'ēn bèi xuānbù wèi guójiā de zuìgāo lǐngdǎo rén, zhège fēi zhèngshì de tóuxián biǎomíng tā shì zhèngfǔ hé cháoxiān jūnduì de shǒunǎo.2012 Nián 4 yuè, tā dì dìwèi tōngguò huòdé jǐ gè zhèngshì tóuxián ér dédào quèrèn: Cháoxiǎn rénmín gémìng dǎng dì yī shūjì, zhōngyāng jūnshì wěiyuánhuì zhǔxí hé guójiā fāzhǎn wěiyuánhuì zhǔxí, gāi wěiyuánhuì shì dāngshí cháoxiǎn de zuìgāo guānliáo jīgòu. Jīnzhèng'ēn de guójiā zhànlüè"píngxíng fāzhǎn", qiángdiào zài fāzhǎn guójiā jīngjì de tóngshí fāzhǎn qí guófáng nénglì, zài 2013 nián de cháoxiǎn rénmín dǎng zhōngyāng wěiyuánhuì huìyì shàng zhèngshì tōngguò.2016 Nián 6 yuè, zuìgāo rénmín huìyì dàibiǎo dàhuì xiūdìngle xiànfǎ, yǐ kuòdà hé gǒnggù jīnzhèng'ēn dì dìwèi. Xiūdìng hòu chénglìle yīgè xīn de zǔzhī——guójiā shìwù wěiyuánhuì, yóu jīnzhèng'ēn dānrèn zhǔrèn. Zhège xīn wěiyuánhuì qǔdàile guójiā fāzhǎn wěiyuánhuì, chéngwéi cháoxiǎn zuì qiáng dà de guǎnlǐ jīgòu.

THE NORTH KOREAN LEADER (北朝鲜领导人)

1	执政	Zhízhèng	Be in power	Hold power
2	初期	Chūqí	Prime	Initial stage
3	无情地	Wúqíng de	Relentlessly	
4	巩固	Gǒnggù	Consolidate	Strengthen
5	急剧	Jíjù	Rapid	Sharp
6	核武器	Héwǔqì	Nuclear weapon	N-weapon
7	处决	Chǔjué	Put to death	Execute
8	叔叔	Shūshu	Father's younger brother	Uncle
9	败类	Bàilèi	Scum of a community	Dregs
10	决裂	Juéliè	Break with	Rupture
11	长期以来	Chángqí yǐlái	For a long time	For quite some time
12	引人注目	Yǐn rén zhùmù	Attract somebody's attention	Attract the gaze of people
13	叛逃	Pàntáo	Defect	
14	情报部门	Qíngbào bùmén	Intelligence service	
15	例行	Lì xíng	Routine	
16	情况下	Qíngkuàng xià	Situation	Circumstances
17	清楚地	Qīngchǔ dì	Clearly	Distinctly
18	一系列	Yī xìliè	Series	Tail
19	弹道导弹	Dàndào dǎodàn	Ballistic missile	

20	第一次	Dì yī cì	First	For the first time
21	核爆炸	Hé bàozhà	Nuclear explosion	Nuclear burst
22	充其量	Chōngqíliàng	At most	At best
23	核试验	Hé shìyàn	Nuclear test	Atomic blast
24	远程导弹	Yuǎnchéng dǎodàn	Long-range missile	
25	洲际弹道导弹	Zhōujì dàndào dǎodàn	Intercontinental ballistic missile	Intercontinental-trajectory missile
26	一部分	Yībùfèn	A part	A portion
27	理论上	Lǐlùn shàng	Theoretically	In theory
28	美国总统	Měiguó zǒngtǒng	The US President	

Chinese (中文)

　　金正恩执政初期的特点是无情地巩固权力和急剧加速朝鲜的核武器计划。2013 年 12 月，金正恩处决了他的叔叔张成泽，说他已经从朝鲜人民党中 "清除了败类"。张松泰是金正恩的核心成员，在其父亲去世后，曾担任年轻的金正日的实际摄政者。张学良被处决也标志着与北京的决裂，因为张学良长期以来一直倡导与中国建立更紧密的关系。尽管张学良是被金正恩清洗的最引人注目的官员，但叛逃者和韩国情报部门报告说，那些令金正恩政权不满的人被例行处决。在一些情况下，据说被杀的人在几年后又出现了；这种情况清楚地表明，要获得有关朝鲜内部事件的准确信息是多么困难。

　　在金正恩统治下，朝鲜的核武器计划一直在不断推进。2006 年 10 月，在一系列弹道导弹试验后几个月，朝鲜进行了第一次地下核爆炸，但观察家们认为，这些早期的尝试充其量只是取得了中等程度的成功。2013 年 2 月，金正恩政权进行了第一次核试验，此后，地下核爆炸和远程导弹试验的速度都急剧加快。到 2017 年，朝鲜总共进行了六次核试验，包括至少一次朝鲜官员声称小到可以安装在洲际弹道导弹上的装置。随着美国大陆的很大一部分地区现在理论上处于朝鲜核攻击的范围内，金正恩和美国总统唐纳德-特朗普之间爆发了一场口水战。

Pinyin (拼音)

Jīnzhèng'ēn zhízhèng chūqí de tèdiǎn shì wúqíng de gǒnggù quánlì hé jíjù jiāsù cháoxiǎn de héwǔqì jìhuà.2013 Nián 12 yuè, jīnzhèng'ēn chǔjuéle tā de shūshu zhāngchéngzé, shuō tā yǐjīng cóng cháoxiǎn rénmín dǎng zhōng"qīngchúle bàilèi". Zhāngsōngtài shì jīnzhèng'ēn de héxīn chéngyuán, zài qí fùqīn qùshì hòu, céng dānrèn niánqīng de jīn zhèng rì de shíjì shèzhèng zhě. Zhāngxuéliáng bèi chǔjué yě biāozhìzhe yǔ běijīng de juéliè, yīnwèi zhāngxuéliáng chángqí yǐlái yīzhí chàngdǎo yǔ zhōngguó jiànlì gèng jǐnmì de guānxì. Jǐnguǎn zhāngxuéliáng shì bèi jīnzhèng'ēn qīngxǐ de zuì yǐn rén zhùmù dì guānyuán, dàn pàntáo zhě hé hánguó qíngbào bùmén bàogào shuō, nàxiē lìng jīnzhèng'ēn zhèngquán bùmǎn de rén bèi lì xíng chǔjué. Zài yīxiē qíngkuàng xià, jùshuō bèi shā de rén zài jǐ nián hòu yòu chūxiànle; zhè zhǒng qíngkuàng qīngchǔ dì biǎomíng, yào huòdé yǒuguān cháoxiǎn nèibù shìjiàn de zhǔnquè xìnxī shì duōme kùnnán.

Zài jīnzhèng'ēn tǒngzhì xià, cháoxiǎn de héwǔqì jìhuà yīzhí zài bùduàn tuījìn.2006 Nián 10 yuè, zài yī xìliè dàndào dǎodàn shìyàn hòu jǐ gè yuè, cháoxiǎn jìnxíngle dì yīcì dìxià hé bàozhà, dàn guānchájiāmen rènwéi, zhèxiē zǎoqí de chángshì chōngqíliàng zhǐshì qǔdéle zhōngděng chéngdù de chénggōng.2013 Nián 2 yuè, jīnzhèng'ēn zhèngquán jìnxíngle dì yī cì hé shìyàn, cǐhòu, dìxià hé bàozhà hé yuǎnchéng dǎodàn shìyàn de sùdù dōu jíjù jiākuài. Dào 2017 nián, cháoxiǎn zǒnggòng jìnxíngle liù cì hé shìyàn, bāokuò zhìshǎo yī cì cháoxiǎn guānyuán shēngchēng xiǎo dào kěyǐ ānzhuāng zài zhōujì dàndào dǎodàn shàng de zhuāngzhì. Suízhe měiguó dàlù de hěn dà yībùfèn dìqū xiànzài lǐlùn shàng chǔyú cháoxiǎn hé gōngjí de fànwéi nèi, jīnzhèng'ēn hé měiguó zǒngtǒng tángnàdé-tè lǎng pǔ zhī jiān bàofāle yī chǎng kǒushuǐ zhàn.

SUFFERING (重重苦难)

1	侮辱	Wǔrǔ	Insult	Humiliate
2	轰炸	Hōngzhà	Bomb	Bombardment
3	言辞	Yáncí	One's words	What one says
4	金正恩	Jīnzhèng'ēn	Kim Jong-un	
5	在国内	Zài guónèi	At home	Domestic
6	发起	Fāqǐ	Initiate	Sponsor
7	攻势	Gōngshì	Offensive	
8	民主党	Mínzhǔdǎng	The Democratic Party of the United States	
9	候选	Hòuxuǎn	Be a candidate (for a position or office)	
10	当选	Dāngxuǎn	Be elected	
11	执政	Zhízhèng	Be in power	Hold power
12	姿态	Zītài	Gesture	Posture
13	上任	Shàngrèn	Take up an official post	Assume office
14	鹰派	Yīng pài	The hawk	
15	口吻	Kǒuwěn	Muzzle	Snout
16	冬奥会	Dōng ào huì	Winter Olympic games	
17	召开	Zhàokāi	Convene	Convoke
18	南北	Nánběi	North and south	From north to south
19	开幕式	Kāimù shì	Inauguration	Opening ceremony
20	运动会	Yùndònghuì	Sports meet	Athletic meeting
21	朝鲜战争	Cháoxiǎn zhànzhēng	Korea war	
22	第一个	Dì yī gè	First	The first

#	汉字	Pinyin	Meaning	
23	家族成员	Jiāzú chéngyuán	Family members	
24	历史性	Lìshǐ xìng	Historic	Of historic significance
25	手写	Shǒuxiě	Write	Take notes by oneself
26	纸条	Zhǐ tiáo	A slip of paper	Paper tape
27	平壤	Píngrǎng	Pyongyang (in North Korea)	
28	宴请	Yànqǐng	Entertain	Fete
29	掌权	Zhǎngquán	Be in power	Wield power
30	高级官员	Gāojí guānyuán	Executive	High-ranking official
31	会晤	Huìwù	Meet	
32	政权	Zhèngquán	Political power	Regime
33	前所未有	Qiánsuǒ wèiyǒu	Hitherto unknown	Such as never previously existed
34	峰会	Fēnghuì	Summit meeting	
35	面对面	Miànduìmiàn	Facing each other	Face-to-face
36	朝鲜半岛	Cháoxiǎn bàndǎo	The Korean Peninsula	
37	缔结	Dìjié	Conclude	Establish
38	停战协定	Tíngzhàn xiédìng	Armistice	Truce
39	具体化	Jùtǐ huà	Concretize	Realization
40	定于	Dìng yú	Due to	Scheduled to
41	国家安全	Guójiā ānquán	Security	National safety
42	先前	Xiānqián	Before	Previously

43	言论	Yánlùn	Opinion on public affairs	Views on politics
44	无知	Wúzhī	Ignorant	
45	和解	Héjiě	Compromise	Become reconciled
46	重新考虑	Chóngxīn kǎolǜ	Reconsider	
47	反悔	Fǎnhuǐ	Go back on one's word	
48	按计划	Àn jìhuà	On schedule	
49	朝鲜	Cháoxiǎn	Korea	
50	领导人	Lǐngdǎo rén	Leader	
51	有史以来	Yǒushǐ yǐlái	Since the beginning of history	Throughout history
52	第一次	Dì yī cì	First	For the first time
53	面对面地	Miànduìmiàn de	Face to face	
54	会面	Huìmiàn	Meet	Come together

Chinese (中文)

当华盛顿和朝鲜不断交换侮辱和轰炸性的言辞时，金正恩在国内发起了一场不太可能的魅力攻势。2017 年 5 月，韩国民主党候选人文在寅当选为韩国总统，为朝鲜和韩国之间可能重新接触打开了大门。在韩国总统卢武铉执政期间，文在寅曾监督过以前对朝鲜的 "阳光" 政策姿态，但朝鲜核计划的升级导致文在寅一上任就采取了更为鹰派的口吻。然而，在 2018 年韩国平昌冬奥会召开前的几周，两国启动了对话，导致南北朝鲜运动员作为一个整体，在描绘统一的韩国的旗帜下进入开幕式现场。金正恩的妹妹金耀中出席了运动会，成为朝鲜战争结束后第一个访问韩国的朝鲜统治家族成员。

在 2 月 10 日与文在寅的历史性会晤中，金与正递交了她哥哥的手写纸条，邀请韩国总统 "尽早 "到平壤访问他。

次月，金正恩在平壤宴请了文在寅政府成员，这是他自 2011 年掌权以来首次与韩国高级官员举行此类会晤。当时，金正恩表示，如果美国愿意保证朝鲜及其政权的安全，他愿意讨论消除朝鲜核武库的问题。在这一声明之后，人们谈到了金正恩和特朗普之间前所未有的峰会，特朗普政府表示将在 2018 年 5 月或之前举行峰会。2018 年 4 月 27 日，金正恩和文在寅在 "和平村 "举行了历史性的峰会。这标志着十多年来朝韩两国领导人首次面对面会晤，两人讨论了朝鲜半岛无核化和缔结停战协定以正式结束朝鲜战争的问题。

到 5 月中旬，金正恩和特朗普会晤的细节已经开始具体化。峰会定于在新加坡举行。然而，华盛顿和平壤之间爆发了新的口水战。美国副总统彭斯扩大了国家安全顾问博尔顿先前的言论，威胁说朝鲜政府可能会遭遇被废黜和杀害的利比亚总统穆阿迈尔-卡扎菲的同样命运。朝鲜官员回应说，彭斯的声明是 "无知而愚蠢的"。5 月 24 日，特朗普宣布退出会议，金正恩的政府立即采取了和解的口吻，敦促特朗普重新考虑。8 天后，特朗普反悔，宣布峰会将按计划进行。2018 年 6 月 12 日，美国和朝鲜的领导人有史以来第一次面对面地会面。金正恩承诺努力 "实现朝鲜半岛的完全无核化"，而特朗普则承诺结束美韩联合军事演习。

Pinyin (拼音)

Dāng huáshèngdùn hé cháoxiān bùduàn jiāohuàn wǔrǔ hé hōngzhà xìng de yáncí shí, jīnzhèng'ēn zài guónèi fāqǐle yī chǎng bù tài kěnéng de mèilì gōngshì.2017 Nián 5 yuè, hánguó mínzhǔdǎng hòuxuǎn rénwén zài yín dāngxuǎn wèi hánguó zǒngtǒng, wèi cháoxiān hé hánguó zhī jiān kěnéng chóngxīn jiēchù dǎkāile dàmén. Zài hánguó zǒngtǒng lúwǔxuǎn zhízhèng qíjiān, wén zài yín céng jiāndūguò yǐqián duì cháoxiǎn de"yángguāng"zhèngcè zītài, dàn cháoxiǎn hé jìhuà de shēngjí dǎozhì wén zài yín yī shàngrèn jiù cǎiqǔle gèng wèi yīng pài de kǒuwěn. Rán'ér, zài 2018 nián hánguó píng chāng dōng ào huì zhàokāi qián de jǐ zhōu, liǎng guó qǐdòngle duìhuà, dǎozhì nánběi cháoxiǎn yùndòngyuán zuòwéi yīgè zhěngtǐ, zài miáohuì tǒngyī de hánguó de qízhì xià jìnrù kāimù shì xiànchǎng. Jīnzhèng'ēn de mèimei jīn yào zhòng chūxíle yùndònghuì, chéngwéi cháoxiǎn zhànzhēng jiéshù hòu dì yī gè fǎngwèn hánguó de cháoxiǎn tǒngzhì jiāzú chéngyuán. Zài 2 yuè 10 rì yǔ wén zài yín de lìshǐ xìng huìwù zhōng, jīn yǔ zhèng dìjiāole tā gēgē de shǒuxiě zhǐ tiáo, yāoqǐng hánguó zǒngtǒng"jǐnzǎo"dào píngrǎng fǎngwèn tā.

Cì yuè, jīnzhèng'ēn zài píngrǎng yànqǐngle wén zài yín zhèngfǔ chéngyuán, zhè shì tā zì 2011 nián zhǎngquán yǐlái shǒucì yǔ hánguó gāojí guānyuán jǔxíng cǐ lèi huìwù. Dāngshí, jīnzhèng'ēn biǎoshì, rúguǒ měiguó yuànyì bǎozhèng cháoxiǎn jí qí zhèngquán de ānquán, tā yuànyì tǎolùn xiāochú cháoxiǎn héwǔ kù de wèntí. Zài zhè yī shēngmíng zhīhòu, rénmen tán dàole jīnzhèng'ēn hé tè lǎng pǔ zhī jiān qiánsuǒwèiyǒu de fēnghuì, tè lǎng pǔ zhèngfǔ biǎoshì jiàng zài 2018 nián 5 yuè huò zhīqián jǔxíng fēnghuì.2018 Nián 4 yuè 27 rì, jīnzhèng'ēn héwén zài yín zài"hépíng cūn"jǔxíngle lìshǐ xìng de fēnghuì. Zhè biāozhìzhe shí duō nián lái cháo hán liǎng guó lǐngdǎo rén shǒucì miànduìmiàn huìwù, liǎng rén tǎolùnle cháoxiǎn bàndǎo wú hé huà hé dìjié tíngzhàn xiédìng yǐ zhèngshì jiéshù cháoxiǎn zhànzhēng de wèntí.

Dào 5 yuè zhōngxún, jīnzhèng'ēn hé tè lǎng pǔ huìwù de xìjié yǐjīng kāishǐ jùtǐ huà. Fēnghuì dìng yú zài xīnjiāpō jǔxíng. Rán'ér, huáshèngdùn hé píngrǎng zhī jiān bàofāle xīn de kǒushuǐ zhàn. Měiguó fù zǒngtǒng péng sī kuòdàle guójiā ānquán gùwèn bó'ěrdùn xiānqián de yánlùn, wēixié shuō cháoxiǎn zhèngfǔ kěnéng huì zāoyù bèi fèichù hé shāhài de lìbǐyǎ zǒngtǒng mù ā mài ěr-kǎ zhā fēi de tóngyàng mìngyùn. Cháoxiǎn guānyuán huíyīng shuō, péng sī de shēngmíng shì"wúzhī ér yúchǔn de".5 Yuè 24 rì, tè lǎng pǔ xuānbù tuìchū huìyì, jīnzhèng'ēn de zhèngfǔ lìjí cǎiqǔle héjiě de kǒuwěn, dūncù tè lǎng pǔ chóngxīn kǎolǜ.8 Tiānhòu, tè lǎng pǔ fǎnhuǐ, xuānbù fēnghuì jiāng àn jìhuà jìnxíng.2018 Nián 6 yuè 12 rì, měiguó hé cháoxiǎn de lǐngdǎo rén yǒushǐ yǐlái dì yī cì miànduìmiàn de huìmiàn. Jīnzhèng'ēn chéngnuò nǔlì"shíxiàn cháoxiǎn bàndǎo de wánquán wú hé huà", ér tè lǎng pǔ zé chéngnuò jiéshù měi hán liánhé jūnshì yǎnxí.

POSITIONS (担任职务)

1	至今	Zhìjīn	Up to now	Hitherto
2	中央委员会	Zhōngyāng wěiyuánhuì	Central committee	
3	政治局	Zhèngzhì jú	The Political Bureau	
4	主席团成员	Zhǔxítuán chéngyuán	Bureau member	Member of a presidium
5	政治局委员	Zhèngzhì jú wěiyuán	Member of the political bureau	Politburo member
6	委员	Wěiyuán	Committee member	Member of a committee
7	第十三	Dì shísān	Thirteenth	The thirteenth
8	会议代表	Huìyì dàibiǎo	Conference delegates	
9	担任	Dānrèn	Assume the office of	Hold the post of
10	职务	Zhíwù	Post	Duties
11	党中央	Dǎng zhōngyāng	The Party Central Committee	The central leading body of the Party
12	军事委员会主席	Jūnshì wěiyuánhuì zhǔxí	Chairman of Military Committee	
13	中央军事委员会	Zhōngyāng jūnshì wěiyuánhuì	Central military commission	
14	副主席	Fù zhǔxí	Vice chairman	Vice chairperson
15	金正恩	Jīnzhèng'ēn	Kim Jong-un	
16	被视为	Bèi shì wéi	Be regarded as	Be seen as.

17	领导层	Lǐngdǎo céng	Leadership	
18	继承人	Jìchéngrén	Heir	Successor
19	电视台	Diànshìtái	TV station	
20	总书记	Zǒng shūjì	General secretary	
21	国家事务	Guójiā shìwù	State affairs	
22	决策机构	Juécè jīgòu	Decision-making organ	Policymaking body
23	元帅	Yuánshuài	Marshal	Supreme commander
24	武装部队	Wǔzhuāng bùduì	Armed forces	
25	类似于	Lèisì yú	Resemble	Be analogue to
26	金日成	Jīn rì chéng	Kim Il-sung	
27	指的是	Zhǐ de shì	Refer to…	Mean
28	核武器	Héwǔqì	Nuclear weapon	N-weapon
29	极权主义	Jíquán zhǔyì	Totalitarianism	
30	沿用	Yányòng	Continue to use	
31	个人崇拜	Gèrén chóngbài	Cult of personality	
32	里程碑	Lǐchéngbēi	Milepost	Bosom
33	下令	Xiàlìng	Give orders	Order
34	处决	Chǔjué	Put to death	Execute
35	普遍认为	Pǔbiàn rènwéi	General	It is generally believed that
36	马来西亚	Mǎláixīyà	Malaysia	
37	暗杀	Ànshā	Assassinate	
38	主持	Zhǔchí	Take charge of	Manage
39	旅游景点	Lǚyóu jǐngdiǎn	Tourist attraction	Tourist attractions
40	紧张关系	Jǐnzhāng guānxì	Strained relations	

41	加剧	Jiājù	Aggravate	Intensify
42	美国总统	Měiguó zǒngtǒng	The US President	
43	峰会	Fēnghuì	Summit meeting	
44	声称	Shēngchēng	Profess	Claim

Chinese (中文)

-2012 年至今。朝鲜劳动党第六、七、八届中央委员会政治局主席团成员

-2012 年至今。朝鲜劳动党第六、七、八届中央委员会政治局委员

-2010 年至今。朝鲜劳动党第六、七、八届中央委员会委员

-2014-2019：第十三届最高人民会议代表

担任的其他职务

-2012 年至今。朝鲜劳动党中央军事委员会主席

-2010-2012:朝鲜劳动党中央军事委员会副主席

从 2010 年底开始，金正恩被视为朝鲜领导层的继承人。在他父亲于 2011 年 12 月去世后，国家电视台宣布金正日为 "伟大的继承人"。金正恩拥有朝鲜劳动党总书记、中央军事委员会主席和国家事务委员会主席等头衔。他还是朝鲜劳动党政治局主席团成员，这是最高决策机构。2012 年 7 月，金正日被提升为朝鲜人民军最高级别的元帅，巩固了他作为武装部队最高指挥官的地位。朝鲜国家媒体经常称他为 "金正恩元帅 "或 "尊敬的领袖"。他推动了平行发展政策，类似于金日成 1960 年代的政策，指的是同时发展经济和国家的核武器计划。

金正恩将朝鲜作为一个极权主义的独裁国家来统治，他的领导层沿用了他祖父和父亲的个人崇拜。2014 年，一份具有里程碑意义的联合国人权理事会报告表明，金正日可能因反人类罪而受到审判。他已下令清洗或处决几名朝鲜官员；人们普遍认为他还下令于 2017 年在马来西亚暗杀了他同父异母的兄弟金正男。他主持了消费经济、建筑项目和旅游景点的扩张。金正恩还扩大了朝鲜的核计划，这导致了与美国和韩国的紧张关系加剧。2018 年和 2019 年，金正恩参加了与韩国总统文在寅和美国总统唐纳德-特朗普举行的峰会。他声称在朝鲜成功防治了新冠大流行病，尽管许多专家怀疑该国完全没有病例。

Pinyin (拼音)

-2012 Nián zhìjīn. Cháoxiǎn láodòng dǎng dì liù, qī, bā jiè zhōngyāng wěiyuánhuì zhèngzhì jú zhǔxítuán chéngyuán

-2012 nián zhìjīn. Cháoxiǎn láodòng dǎng dì liù, qī, bā jiè zhōngyāng wěiyuánhuì zhèngzhì jú wěiyuán

-2010 nián zhìjīn. Cháoxiǎn láodòng dǎng dì liù, qī, bā jiè zhōngyāng wěiyuánhuì wěiyuán

-2014-2019: Dì shísān jiè zuìgāo rénmín huìyì dàibiǎo

dānrèn de qítā zhíwù

-2012 nián zhìjīn. Cháoxiǎn láodòng dǎng zhōngyāng jūnshì wěiyuánhuì zhǔxí

-2010-2012: Cháoxiǎn láodòng dǎng zhōngyāng jūnshì wěiyuánhuì fù zhǔxí

cóng 2010 niándǐ kāishǐ, jīnzhèng'ēn bèi shì wéi cháoxiǎn lǐngdǎo céng de jìchéngrén. Zài tā fùqīn yú 2011 nián 12 yuè qùshì hòu, guójiā diànshìtái xuānbù jīn zhèng rì wèi "wěidà de jìchéngrén". Jīnzhèng'ēn yǒngyǒu zhāo xiān láodòng dǎng zǒng shūjì, zhōngyāng jūnshì wěiyuánhuì zhǔxí hé guójiā shìwù wěiyuánhuì zhǔxí děng tóuxián. Tā háishì cháoxiǎn láodòng dǎng zhèngzhì jú zhǔxítuán chéngyuán, zhè shì zuìgāo juécè jīgòu. 2012 Nián 7 yuè, jīn zhèng rì bèi tíshēng wèi cháoxiǎn rénmín jūn zuìgāo jíbié de yuánshuài, gǒnggùle tā zuòwéi wǔzhuāng bùduì zuìgāo zhǐhuī guān dì dìwèi. Cháoxiǎn guójiā méitǐ jīngcháng chēng tā wèi "jīnzhèng'ēn yuánshuài" huò "zūnjìng de lǐngxiù". Tā tuīdòngle píngxíng fāzhǎn zhèngcè, lèisì yú jīn rì chéng 1960 niándài de zhèngcè, zhǐ de shì tóngshí fāzhǎn jīngjì hé guójiā de héwǔqì jìhuà.

Jīnzhèng'ēn jiāng cháoxiǎn zuòwéi yīgè jíquán zhǔyì de dúcái guójiā lái tǒngzhì, tā de lǐngdǎo céng yányòngle tā zǔfù hé fùqīn de gèrén chóngbài. 2014 Nián, yī fèn jùyǒu lǐchéngbēi yìyì de liánhéguó rénquán lǐshì huì bàogào biǎomíng, jīn zhèng rì kěnéng yīn fǎn rénlèi zuì ér shòudào shěnpàn. Tā yǐ xiàlìng qīngxǐ huò chǔjué jǐ míng cháoxiǎn guānyuán; rénmen pǔbiàn rènwéi tā hái xiàlìng yú 2017 nián zài mǎláixīyà ànshāle tā tóng fù yì mǔ de xiōngdì jīn zhèngnán. Tā zhǔchíle xiāofèi jīngjì, jiànzhú xiàngmù hé lǚyóu jǐngdiǎn de kuòzhāng. Jīnzhèng'ēn hái kuòdàle cháoxiǎn de hé jìhuà, zhè dǎozhìle yǔ měiguó hé hánguó de jǐnzhāng guānxì jiājù. 2018 Nián hé 2019 nián, jīnzhèng'ēn cānjiāle yǔ hánguó zǒngtǒng wén zài yín hé měiguó zǒngtǒng tángnàdé-tè lǎng pǔ jǔxíng de fēnghuì. Tā shēngchēng zài cháoxiǎn chénggōng fángzhìle xīnguān dà liúxíng bìng, jǐnguǎn xǔduō zhuānjiā huáiyí gāi guó wánquán méiyǒu bìnglì.

LEGACY (影响及贡献)

1	金正恩	Jīnzhèng'ēn	Kim Jong-un	
2	之所以	Zhī suǒyǐ	The reason why	
3	大元帅	Dà yuánshuài	Generalissimo	
4	多半	Duōbàn	The greater part	Most
5	朝鲜	Cháoxiǎn	Korea	
6	决战	Juézhàn	Decisive battle	Decisive engagement
7	胜利	Shènglì	Win	Victory
8	大多	Dàduō	For the most part	Mostly
9	归功于	Guīgōng yú	Give the credit to	Attribute the success to
10	安逸	Ānyì	Easy	Easy and comfortable
11	鉴于	Jiànyú	In view of	In consideration of
12	领导能力	Lǐngdǎo nénglì	Leadership	Leadership ability
13	井井有条	Jǐngjǐng yǒutiáo	Be arranged in good order	Be in apple-pie order
14	以党治国	Yǐ dǎng zhìguó	Rule by a political party	
15	路线	Lùxiàn	Route	Itinerary
16	方针	Fāngzhēn	Policy	Guiding principle
17	未能	Wèi néng	Fail to	Cannot
18	就此	Jiùcǐ	At this point	Here and now
19	留下	Liú xià	Leave	Keep
20	发言	Fāyán	Speak	Make a statement
21	呼吁	Hūyù	Appeal	Call on

22	团结一致	Tuánjié yīzhì	Unite as one	Be united as one and be concentrating efforts on
23	为国争光	Wèi guó zhēngguāng	Win honour for the country	Reflect credit on one's country
24	提及	Tí jí	Mention	Retrospect
25	防御性	Fángyù xìng	Defensiveness	
26	哪个	Nǎge	Which	
27	势力	Shìlì	Force	Power
28	压迫	Yāpò	Oppress	Repress
29	依旧	Yījiù	As before	Still
30	治国	Zhìguó	Administer a country	Manage state affairs
31	领导人	Lǐngdǎo rén	Leader	
32	一定会	Yīdìng huì	In for	
33	绽放	Zhànfàng	Blossom	
34	光彩	Guāngcǎi	Lustre	Splendour

Chinese (中文)

金正恩之所以被人们称之为"大元帅"多半是因为他对世界以及朝鲜的巨大贡献，"反美对决战的胜利大多归功于他。金正恩让朝鲜人民过上了相对安逸的生活。

鉴于金正恩优秀的军事领导能力和决策能力，朝鲜民族被治理得井井有条。他一直强调以人们的核心地位为主，以党治国是他坚持多年的路线方针，保证人民的幸福的同时他还未未能给人们创造更

多财富所表示歉意。他就此也留下了很多发言，呼吁大家团结一致并且努力为国争光

金正恩为了发展好朝鲜与其他国家的良好关系，采用了合理的军事战略，并且提及到了防御性军事战略的重要性；不管在哪个国家的势力压迫下他依旧坚持合理治国以民为先。

人民的利益就是国家的利益，有他这样的领导人，朝鲜一定会绽放更多光彩。

Pinyin (拼音)

Jīnzhèng'ēn zhī suǒyǐ bèi rénmen chēng zhī wèi "dà yuánshuài" duōbàn shì yīnwèi tā duì shìjiè yǐjí cháoxiǎn de jùdà gòngxiàn, "fǎn měi duì juézhàn de shènglì dàduō guīgōng yú tā. Jīnzhèng'ēn ràng cháoxiǎn rénmínguò shàngle xiāngduì ānyì de shēnghuó.

Jiànyú jīnzhèng'ēn yōuxiù de jūnshì lǐngdǎo nénglì hé juécè nénglì, cháoxiǎn mínzú bèi zhìlǐ dé jǐngjǐngyǒutiáo. Tā yīzhí qiángdiào yǐ rénmen de héxīn dìwèi wéi zhǔ, yǐ dǎng zhìguó shì tā jiānchí duōnián de lùxiàn fāngzhēn, bǎozhèng rénmín de xìngfú de tóngshí tā hái wèi wèi néng jǐ rénmen chuàngzào gèng duō cáifù suǒ biǎoshì qiànyì. Tā jiùcǐ yě liú xiàle hěnduō fāyán, hūyù dàjiā tuánjié yīzhì bìngqiě nǔlì wèi guó zhēngguāng

jīnzhèng'ēn wèile fāzhǎn hǎo cháoxiǎn yǔ qítā guójiā de liánghǎo guānxì, cǎiyòngle hélǐ de jūnshì zhànlüè, bìngqiě tí jí dàole fángyù xìng jūnshì zhànlüè de zhòngyào xìng; bùguǎn zài nǎge guójiā de shìlì yāpò xià tā yījiù jiānchí hélǐ zhìguó yǐ mín wèi xiān.

Rénmín de lìyì jiùshì guójiā de lìyì, yǒu tā zhèyàng de lǐngdǎo rén, cháoxiǎn yīdìng huì zhànfàng gèng duō guāngcǎi.

www.ingramcontent.com/pod-product-compliance
Lightning Source LLC
LaVergne TN
LVHW061957070526
838199LV00060B/4170